Michele Sardone

Vito Lorenzo Sardone

SARDONE

cognome e genealogia

STORIA DI FAMIGLIA

dalle origini ai giorni nostri

SARDONE

cognome e genealogia

storia di famiglia dalle origini ai giorni nostri

di Michele Sardone e Vito Lorenzo Sardone

MICHELE SARDONE

44 anni, Odontoiatra dal 1991 con l'hobby del giornalismo sportivo radiotelevisivo, ha curato i testi e le impaginazioni

VITO LORENZO SARDONE

63 anni, carrozziere dal 1970 con la passione dei presepi artigianali, ha raccolto le storie e le notizie

"In tutti noi c'è un profondo e innato desiderio di conoscere il nostro retaggio, di sapere chi siamo e da dove veniamo. Senza questa preziosa conoscenza c'è una vuota bramosia. Non importa quale sia il nostro compito nella vita, ci resterebbe solo il nulla, il vuoto e la più inquietante solitudine."
– Alex Haley

Saper

Andare

Ricercando

Domani

Onorerà

Nostro

Esistere

PREFAZIONE

Un attempato carrozziere ultrasessantenne e un gioviale dentista ultraquarantenne, con lo stesso cognome e parenti di quinto grado, hanno collaborato alla raccolta di notizie riguardanti la loro famiglia ambiziosamente intitolando " storia della famiglia Sardone". Dico ambiziosamente perché, a parte alcuni riferimenti alla storia locale, e/o all'origine dei cognomi, non si sono preoccupati dell'utilizzo degli strumenti dello storico né hanno ricercato fonti attendibili, ma si sono affidati a racconti orali non del tutto verificabili. E non poteva essere diversamente. Nella storia delle famiglie ci si imbatte spesso nel leggendario, con passaggi o discendenze non sempre dimostrabili.

Ma la lunga genealogia, puntuale e precisa, degli ultimi centotrentasette anni, diventa documento prezioso per ogni appartenente, anche nella nostra epoca in cui i clan sembrano scissi e scomparsi.

E sicuramente è stata la condivisione dell'appartenenza a far convergere i due autori nel non semplice lavoro di ricerca. Si tratta di un sentimento, generalmente molto forte quando sono in vita gli stipiti comuni, che di solito scema dopo la loro scomparsa fin quasi a non riconoscersi anche tra parenti non ancora molto lontani dallo stipite.

Si apprezza, pertanto, l'opportunità della raccolta di news e foto di quasi tutti i discendenti dello stesso ceppo. E quel sentimento che ha unito i due autori, l'appartenenza, riceve rinforzo dalla ricca documentazione assemblata. Tanto è già sufficiente per ritenere il lavoro di Vito Lorenzo fu Nicola e Michele di Vito Lorenzo degno di considerazione, né va dimenticato l'implicito apprezzamento-ringraziamento a tutti i membri fornitori di materiali.

di Vito Lorenzo Sardone (fu Michele)

INTRODUZIONE

Prima di raccontare la storia del cognome SARDONE e della nostra famiglia , vi sveleremo come nasce un cognome, vi parleremo di quelli italiani più comuni e ve ne citeremo i più curiosi.

Narreremo poi delle origini dei nostri avi, con un salto indietro negli anni di quattro secoli, sino a giungere alle ultime generazioni delle quali abbiamo disegnato un preciso albero genealogico.

In particolare, la nostra analisi dettagliata ha il suo fulcro in VITO LORENZO SARDONE, nato il 19 febbraio 1875 ad Altamura, e nei suoi sette figli: ANGELA, MARIA, MICHELE, ANGELO, MARIA GIUSEPPA, GIUSEPPE e NICOLA con le rispettive famiglie.

Come nasce un cognome?

(Fonte cognomix.it)

L'origine del cognome come identificativo di una famiglia risale agli antichi romani: mentre nei tempi arcaici era presente il solo nome, già negli ultimi secoli della Repubblica, i romani distinguevano le persone libere con 3 nomi (*tria nomina*): il **praenomen**, paragonabile al nostro nome; il **nomen**, più importante che distingueva la famiglia (*gens*) d'appartenenza; successivamente per distinguere le famiglie che si riferivano ad uno stesso ceppo si aggiunse il **cognomen**, una sorta di soprannome di famiglia. In qualche caso, si aggiungeva anche un quarto nome, o nuovo cognome (*agnomen*), per diversificare ancor meglio una persona dall'altra. Inoltre alcuni nobili aggiungevano a proprio piacimento altri nomi-cognomi, creando talvolta liste lunghissime.

Attorno al V secolo si riduce sempre più la distinzione fra nomen e cognomen, ed entra a far parte dell'uso comune il cosiddetto *supernomen* o *signum*: un nome unico, non ereditato, dal significato chiaro, immediatamente comprensibile come ad esempio il nome imperiale Augustus ("consacrato dagli auguri", "favorito da buoni auspici"). Con la caduta dell'Impero Romano ogni persona fu individuata dal solo nome personale di battesimo, con vezzeggiativo nell'ambito familiare, talvolta riferito anche alle caratteristiche della persona o al luogo di provenienza o alla paternità.

L'avvento del cristianesimo e le invasioni barbariche contribuirono a diffondere nuovi nomi che andarono ad aggiungersi a quelli pagani: la scelta divenne piuttosto vasta e non vi erano grossi problemi nel distinguere gli individui.

Ma tra il X e l'XI secolo a causa della crescita della popolazione, divenne sempre più difficile distinguere un individuo da un altro: la possibilità di formare combinazioni cominciò a scarseggiare e divenne così nuovamente necessario distinguere tra loro gli individui con lo stesso nome personale ed identificare tutti quelli appartenenti alla medesima discendenza. Nacque così il **cognome** moderno, che poteva essere originato dal nome paterno o materno, da un soprannome, dalla nazione o dalla località di provenienza, dal mestiere o dalla professione.

In Italia, l'uso dei cognomi è all'inizio un'esclusività delle famiglie ricche, ma nel 1200 a Venezia e nel secolo seguente in altre aree, anche se con qualche resistenza e ritardo, l'uso si estende agli strati meno abbienti della popolazione.

Con il Concilio di Trento del 1564 si sancisce l'obbligo per i parroci di tenere un registro ordinato dei battesimi con nome e cognome, per evitare matrimoni tra consanguinei. Il soprannome, o secondo nome, diventa ereditario.

I Cognomi più diffusi

Qualcuno ne ha due o più, tutti ne hanno comunque almeno uno; non si può scegliere, viene dato alla nascita e lo si porta per tutta la vita, per alcuni è fonte di grandi sofferenze e per cambiarlo (al massimo di una sola lettera) occorre una lunga procedura: è il cognome, elemento che ci contraddistingue e ci regala spesso unicità in mezzo agli altri. Eppure molti non conoscono il significato del proprio, né l'origine.

Ma come è nato, innanzitutto, l'uso del cognome? Le fonti storiche ci dicono che nell'antica Roma (e ancora prima in Grecia) era consuetudine portare tre nomi: il *praenomen*, cioè il nome proprio, quello con cui "ci si dà del tu", il *nomen*, che indicava la *gens*, ovvero la famiglia, il clan di appartenenza, e infine il *cognomen*. Questo terzo appellativo era più che altro un soprannomme di natura pratica, serviva a distinguere eventuali omonimi, ed era scelto senza criteri fissi: poteva richiamare il *praenomen* del padre oppure indicare il luogo di provenienza; oppure ancora faceva riferimento a particolari caratteristiche fisiche, inclusi i difetti, senza risparmio di frecciate crudeli: per fare un paio di esempi, Marco Tullio **Cicerone** fu chiamato così perché sul naso aveva un *cicero*, un cece, ovvero una verruca, mentre a Publio Ovidio fu imposto un eloquente **Nasone** (che preferì non usare mai, al punto di essere tramandato e conosciuto con il *nomen* della gens). Per Tito Maccio **Plauto** invece c'è l'imbarazzo della scelta: il suo cognome, che ha origini incerte, potrebbe significare "Piedi Piatti" ma anche "Orecchie Lunghe".

L'abitudine latina del *cognomen* si conservò nei secoli, fino ad arrivare a una vera e propria codifica intorno al 1600, quando il cognome fu imposto per legge, allo scopo di identificare popolazioni divenute troppo estese: i criteri di scelta rimasero sostanzialmente identici, forse con minori picchi di fantasia (e di cattiveria): sebbene non esistano stime ufficiali,sembra che oggi fra i cognomi italiani solo un 15% sia relativo a caratteristiche fisiche: circa il 35% deriva invece da nomi propri del padre o del capostipite, mentre un altro 35% ha relazione con la toponomastica, i nomi di paesi o località o zone di provenienza; un 10% ha relazione con la professione, il mestiere, la carica o il titolo, un 3% ha derivazione straniera recente ed un restante 2% è un nome augurale attribuito ai trovatelli dalla carità cristiana.

Se però analizziamo i due cognomi oggi più diffusi in Italia, notiamo che indicano proprio una caratteristica fisica, e per di più identica: si tratta di **Rossi** e **Russo**, derivati dal latino *rubius* (rosso), a cui si aggiungono le varianti **Rosso**, **Rossa**, **Russi**, **de Rossi**, **De Russi**, **Ruggiu**, **Ruiu**, **Rubiu**, **Lorusso** e **Lo Russo**, **Larussa** e **La Russa**, oltre alle derivazioni **Rosselli**, **Rossella**, **Rossellini**,

Rossetto, **Rossettini**, **Rossotti**, **Russetti**, **Russiani**, **e Russian**: sono tutti cognomi attribuiti in origine a qualcuno rosso di capelli o di barba.

Allo stesso modo **Bianchi**, il quinto cognome per diffusione in Italia, con i relativi e derivati **Bianco, Bianchini, Bianconi, Bianchetti**, ecc. si riferiva a persone chiare di capelli o di carnagione (e si intuirà a questo punto che i vari **Nero, Negro, Negri, Negrini, Negroni**, ecc. sono originati con lo stesso criterio, indicando però caratteristiche opposte, di persone con capelli o pelle particolarmente scura).

Proseguendo nella lista dei cognomi più diffusi in Italia, incontriamo **Ferrari**, al quale si aggiungono molti derivati, fra cui **Ferraro, Ferrario, Ferraris, Ferrero, De Ferrari, Ferriero, Ferrerio**, fino a **Ferrè** e **Ferrer**: alla base di tutti questi cognomi è un nome di mestiere, il fabbro ferrario, *Faber Ferraris* in latino, che con ogni probabilità era l'occupazione del padre del neonato; è curioso notare che altri due cognomi, pur avendo una radice etimologica differente da Ferrari, ne condividono il criterio di costruzione: si tratta di **Fabbri**, dal nome del mestiere di fabbro,e **Magnani** , che deriva dal vocabolo dialettale milanese *magnan*, cioè "fabbro, calderaio".

Molto interessante è anche il quarto classificato, il cognome **Esposito**, diffusissimo al sud ma presente in tutta la penisola, che riprende in forma di cognome il nome *esposto*, cioè abbandonato, lasciato: è il cognome che veniva imposto in passato ai bambini abbandonati dai genitori ("esposti", appunto, davanti a case o chiese), con le varianti **Spòsito**, **Esposto** o **Esposti**; il cognome **Degli Esposti** ha invece valore di provenienza e appartenenza, dal nome dei brefotrofi e delle case di assistenza dei bambini abbandonati (le case, appunto, "degli esposti").

E' curioso notare che a **Esposito** corrispondono altri cognomi sinonimici, tipici di regioni differenti: ad esempio **Casadei**, diffuso in Emilia Romagna,formato da *casa + dei*, genitivo di *deus*, in latino *Dio*, il cui significato è "casa di dio"; specifico emiliano, della zona che va dal reggiano al modenese, è anche il cognome **Incerti**, dalla forma latina medioevale *Incertis Patris,* "di padre ignoto", mentre è raro ormai il più esplicito **D'incertopadre**.

Comunissimo nel Lazio il cognome **Proietto** o **Proietti**, originato dall'italianizzazione del termine *proiectus*, participio passato del verbo latino *proicere*, "gettare innanzi a sé": il bambino che lo portava era dunque "gettato avanti, abbandonato, lasciato".

Il cognome **Ignoti**, con le varianti **Ignoto**, **D'Ignoti**, **D'Ignoto**,è diffuso nella Sicilia orientale e in Piemonte, e si rifà all'espressione corrente "Figlio d'Ignoti", mentre **Innocenti** (o **Innocente**) si trova in tutto il nord Italia, particolarmente in Toscana e in Lombardia, ed era un nome benaugurante per il trovatello, quasi a volerlo scagionare delle colpe dei suoi genitori.

Infine **Trovato**, cognome diffuso principalmente in Sicilia e in Lombardia , dal significato piuttosto intuitivo.

Ecco la classifica dei **100 cognomi** più diffusi fra gli italiani: nella terza colonna è presente il numero di **famiglie** che portano quel cognome.

.

Posizione	Cognome	Diffusione (circa)
1	ROSSI	45677
2	RUSSO	31372
3	FERRARI	26204
4	ESPOSITO	23230
5	BIANCHI	18794
6	ROMANO	17947
7	COLOMBO	17670
8	RICCI	15045
9	MARINO	13417
10	GRECO	13416
11	BRUNO	13108
12	GALLO	12902
13	CONTI	12774
14	DE LUCA	12608
15	MANCINI	12471
16	COSTA	12256
17	GIORDANO	12236
18	RIZZO	12147
19	LOMBARDI	11598
20	MORETTI	10926
21	BARBIERI	10651
22	FONTANA	10529
23	SANTORO	10429

Posizione	Cognome	Diffusione (circa)
24	MARIANI	10066
25	RINALDI	9773
26	CARUSO	9663
27	FERRARA	9584
28	GALLI	9393
29	MARTINI	9318
30	LEONE	9155
31	LONGO	9131
32	GENTILE	8978
33	MARTINELLI	8837
34	VITALE	8794
35	LOMBARDO	8621
36	SERRA	8562
37	COPPOLA	8350
38	DE SANTIS	8332
39	D'ANGELO	8329
40	MARCHETTI	8245
41	PARISI	8207
42	VILLA	8189
43	CONTE	8185
44	FERRARO	8177
45	FERRI	8121
46	FABBRI	8114
47	BIANCO	8055
48	MARINI	7956
49	GRASSO	7925
50	VALENTINI	7878
51	MESSINA	7867
52	SALA	7841
53	DE ANGELIS	7820
54	GATTI	7798
55	PELLEGRINI	7663
56	PALUMBO	7633
57	SANNA	7624
58	FARINA	7558
59	RIZZI	7519
60	MONTI	7453
61	CATTANEO	7450
62	MORELLI	7415
63	AMATO	7413
64	SILVESTRI	7344

Posizione	Cognome	Diffusione (circa)
65	MAZZA	7273
66	TESTA	7218
67	GRASSI	7180
68	PELLEGRINO	7158
69	CARBONE	7155
70	GIULIANI	7076
71	BENEDETTI	6949
72	BARONE	6870
73	ROSSETTI	6774
74	CAPUTO	6771
75	MONTANARI	6724
76	GUERRA	6658
77	PALMIERI	6650
78	BERNARDI	6611
79	MARTINO	6500
80	FIORE	6483
81	DE ROSA	6464
82	FERRETTI	6430
83	BELLINI	6419
84	BASILE	6393
85	RIVA	6356
86	DONATI	6335
87	PIRAS	6313
88	VITALI	6237
89	BATTAGLIA	6225
90	SARTORI	6224
91	NERI	6191
92	COSTANTINI	6158
93	MILANI	6132
94	PAGANO	6127
95	RUGGIERO	6112
96	SORRENTINO	6080
97	D'AMICO	6057
98	ORLANDO	6052
99	DAMICO	6004
100	NEGRI	5916

I Cognomi augurali

 Figli desiderati, a volte attesi a lungo, invocati: che fossero eredi di famiglie facoltose o semplicemente di coppie amate e benvolute dai concittadini, si trattava di neonati che meritavano un cognome particolare.

Ecco spiegato il significato dei cognomi *gratulatori*, che esprimono cioè le congratulazioni di parenti e amici per la nascita dell'erede, e di quelli *augurali*, che attestano la gioia dei genitori,o i buoni auspici dei conoscenti per il bimbo e la famiglia.

Gran parte di questi cognomi deve la sua origine all'aggettivo *buono*, a sua volta radice del cognome augurale **Boni**, che viene alterato in **Bòn** e quindi associato ad altri sostantivi: è *buono*, ad esempio, il neonato, ed ecco allora cognomi come il semplice **Bonfiglio** (con le alterazioni **Buonfiglio, Bonafiglia, Bonfiglioli, Bonfiòli**), o **Bonfante**, con i relativi **Bonfanti, Buonfante, Bonfantini**, che è diffuso prevalentemente al nord e deriva dal latino *bonus infans*, "buon bambino", come dall'antico significato di *fante, fantino*, ovvero "bambino, ragazzo, figlio".

E' *buono*, e fortunato, il destino dei genitori: è il caso di cognomi come **Bonaventura** (con il frequentissimo derivato **Ventura**), letteralmente "buona sorte", o il raro **Bonaugurio**, o ancora **Boninsegna**, "buon segno", tipico del nord est.

Analoghi, ma con una più spiccata connotazione sociale, sono **Bonaiuti**, ovvero "buon aiuto", diffuso principalmente in Toscana e Emilia Romagna (mentre i derivati **Bonàiti** e **Bonàita**, da *aìta*, voce antica per "aiuto", sono perlopiù lombardi) e **Buonaccorsi** o **Bonaccorsi**, che ha un discreto nucleo in Sicilia, ed è composto dell'emiliano **Accorsi**, a sua volta derivato da *Accorso*, nome medievale per "soccorso, aiuto": sono cognomi che sottolineano la funzione *economica* del figlio, "venuto in soccorso, in aiuto" alla famiglia povera, futuro sostegno, con il suo lavoro, per i genitori.

In altri occasioni è celebrato il momento temporale della nascita, ed è il caso di **Bongiorno** (o **Buongiorno**), molto comune al sud, o del nordico **Bonora** (con il relativo composto inverso **Orabona,** che ha un epicentro nel casertano), come anche di **Bontempo** (**Buontempo, Bontempi, Buontempi, Bontempelli**), o del frequente **Bonanno** (o **Buonanno**), relativi al "buon tempo" o al "buon anno" in cui si verifica la nascita.

Più propriamente augurali sono invece quei cognomi che indicano le future qualità (quasi sempre morali) del neonato: ad esempio **Boncompagni**, da cui derivano anche i tronchi **Compagni** e **Pagni**, originato dalla speranza che il bimbo possa diventare "un buon compagno", e **Bonamici** (o **Buonamici**), dall'analoga speranza "che sia un buon amico", entrambi diffusi al centro nord.

Come abbiamo già visto gran parte di questi cognomi è formata da un sostantivo e da un prefisso "qualitativo", che funge da aggettivo o avverbio di modo, e che soprattutto racchiude in sé la funzione augurale.

Fra i più comuni troviamo il prefisso *Ben*: originato dall'avverbio *Bene*, è stato trasformato in generico cognome augurale, ma è anche utilizzato nella forma tronca per formare cognomi composti: ad esempio **Bennato**, con le varianti **Bennati**, **Bennate**, **Benato**, **Benati**, popolare fra Umbria e Toscana e contrazione di "bene nato", cioè "nato bene". Da altre combinazioni abbiamo l'emiliano **Ognibene**, diffuso anche in Sicilia, che augura appunto "ogni bene" al bambino, o il panitaliano **Bentivoglio** (**Bentivogli**), cognome che esprime affetto verso il neonato, dicendogli, né più né meno, "ti voglio bene"; ha un nucleo ligure **Benvenuto,** con le variazioni **Benvenute** e **Benvenuti**, a sua volta contratto nel toscano **Nuti**, che accoglie il bambino dandogli, appunto, il "benvenuto". E' molto simile a quest'ultimo **Benincasa**, che ha epicentri in Calabria, Campania e Lombardia, e può essere interpretato come "(giunto) *bene in* (questa) *casa*", quindi un cognome che saluta l'arrivo del neonato, oppure come "che stia, che sia un" *bene in* (questa) *casa*".

Le ambiguità di interpretazione non sono rare: ne troviamo anche in **Bencivenga**, cognome diffusissimo in Campania, con le alterazioni popolari **Bencivegna** e **Bencivegni**, il cui significato è letteralmente "(che il bambino) *venga a noi bene*": in questo caso **venire** può riferirsi tanto al momento della nascita (venire al mondo), quanto al futuro(venire su, crescere); è interessante notare che la versione gratulatoria **Bentivenga** (o **Bentivegna**, **Bentivenni**) mantiene il cognome sostanzialmente identico, mutando però il pronome, cioè il destinatario dell'augurio (in questo caso il significato è "(che) venga bene a te (genitore)")

Diverso è il caso di **Benigni**, comune al centro nord, con le alterazioni **Benigno**, **Benigna**, **Benignetti**, **Benignati**, che sembra avere un duplice significato: a seconda dei casi può essere un cognome augurale, e significare"(che il bambino sia) *benigno*, un bene", oppure descrittivo, cioè riferito al carattere o all'aspetto di una persona adulta. Analogamente, il cognome **Benevento**, alterato in **Beneventi** e **Benivento**, può derivare dal toponimo campano oppure riportare un "buon evento" come la nascita di un figlio.

Chiarissimo invece il cognome **Maschio**, diffuso in Veneto, con le varianti **Maschi**, **Maschietti**, **Maschietto** e i derivati campani **Mascolo** e **Mascoli**, che attesta la soddisfazione dei genitori, o i complimenti dei parenti, per la nascita di un erede di sesso maschile. Concludiamo con il bizzarro **Balsamo** (o **Balsami**), diffuso in tutta la penisola, che attribuiva poteri ristoratori e lenitivi ai figli di genitori particolarmente poetici.

.

Cognomi e difetti

Il cognome, come sappiamo, nasce in maniera spontanea e informale, è un appellativo che ha il preciso scopo di identificare le persone, e la loro stirpe: deve essere quindi un nome che richiami qualcosa di molto personale, di distintivo, non certo un generico augurio; meglio un appellativo che indichi la provenienza, o che ricordi il nome di un genitore: ma ancora meglio è un nome legato a una caratteristica fisica, o morale: un soprannome, specialmente se strano, scherzoso, anche crudele: non c'è esclusione di colpi, nella ricerca dell'unicità.

Nascono così cognomi molto particolari, alcuni collegati semplicemente a difetti o caratteristiche particolari della persona, altri prodotti da una viva fantasia, con vene caricaturali, che sconfina talvolta in sarcasmo o cattiveria.

Occupiamoci del primo gruppo: ne fanno parte, ad esempio, cognomi panitaliani molto diffusi come BALBO (o BALBI), dal latino "balbus", balbuziente, o BIAGI, con i derivati BIAGETTI, BIASI, BLASI, DE BLASI, BLASETTI, che ha una genesi più o meno identica: deriva infatti dall'aggettivo latino "blaesus", ovvero "bleso, balbuziente, che ha la lingua inceppata".

Altri sono ancora più trasparenti, come CALVO o CALVI (da cui anche CALVINI, CALVINO, CALVANI, CALVE'), diffusi in Piemonte e Lombardia, con un nucleo anche nella Sicilia meridionale, o l'analogo PELATO (con la derivazione dialettale PELA'); più ironici CAPILLO (o CAPILLI), o il raro TRENTACAPILLI, sempre connessi ai (pochi) capelli presenti sulla testa del portatore del cognome.

Se restiamo in zona, troviamo molti cognomi legati a soprannomi formati dalla parola CAPO (dal latino CAPUT, testa), come CAPOLUNGO, CAPILUNGO, CAPONE e CAPUTO, comunissimi al sud, CAPONIO, CAPOGROSSO, CAPOGROSSI, tutti riferiti alle dimensioni della testa, particolarmente grande o sgraziata: altri appellativi analoghi, come CAPOTOSTO E CAPOTORTO, sono invece legati a qualità morali, e indicavano rispettivamente una persona piuttosto testarda ("tosto" significa duro, nei dialetti del sud) e una "mente contorta", un individuo che fa cattivi ragionamenti (cioè "malvagi" o "stupidi", a seconda dei casi).

Piuttosto interessante è la sezione di cognomi legata agli occhi, che conta anche una buona quantità di soprannomi positivi, composti o derivati dal cognome generico OCCHIO, ad esempio OCCHIPINTI, OCCHIOBELLO, OCCHIOSANO, OCCHIODORO, ma non lesina frecciate ai più sfortunati: ad esempio OCCHIGROSSI, che si spiega da solo, oppure OCCHIOCHIUSO, che richiama probabilmente una malformazione della palpebra, oppure ancora QUATTROCCHI, appellativo usato ancora oggi per schernire i portatori di occhiali.

Più secco e diretto è il cognome GUERCI, con i relativi GUERCIO, GUERCIA, GUERCINI, GUERCIONI, GUERCIOLI, e i derivati GHERSI, GHERSO, GHESINI, GHESER, questi ultimi due tipici del triveneto, basati tutti sull'aggettivo "guercio", cioè "cieco da un occhio", "che vede male". Significato simile per BERLUSCONI, diffuso solo nelle alte province della Lombardia, che deriva dalla voce dialettale "berlusch", cioè "storto, strabico".

Un cognome interessante è ad esempio **Spano**, con i relativi **Spani** e **Spanò**, diffuso nel sud Italia, che deriva dal greco spanòs, ovvero "che ha una barba rada e brutta"; ma il termine è stato ripreso in seguito anche in alcune voci dialettali siciliane e sarde (da cui il diffusissimo **Spanu**) con il significato esteso di "spelato, spelacchiato".

E' piuttosto criptico anche il poco diffuso **Gango**, da cui anche **Gangoni**, **Ganghini**, **Ganghino**, **Gangai**, originato probabilmente dal gotico *wango*, "mascella"; hanno quindi significato identico a quello di cognomi come **Mascella**, **Mascelloni**, **Mascellani**, diffusi fra Emilia e Toscana, legati a soprannomi che indicavano una mascella particolarmente grossa o storta.

Altri cognomi sono invece piuttosto trasparenti, come **Surdo**, più noto nelle varianti **Losurdo**, **Lo Surdo** o **Colasurdo** (costruita con *Cola*, diminutivo del nome proprio *Nicola*),derivati da appellativi che indicavano un cattivo udito, se non proprio la sordità. E ancora **Gozzo**, che in alcune zone, specie in Liguria,riprende il nome di una tipica imbarcazione a remi, ma è più tipicamente connesso alla malattia definita "gozzo", che si manifesta con l'ingrossamento eccessivo della tiroide, ed era piuttosto comune fino agli inizi del Novecento; della stessa famiglia sono **Gozzi**, **Gozzano**, **Gosatti**, **Gosatto**, **Gossetto**, **Gosetto**, **Gozzetto**, **Gozzetti**, **Guzzan**, diffusi principalmente al nord, specie in Emilia Romagna, Veneto e Lombardia.

Per quanto diffusi, i cognomi legati a malformazioni particolari sono comunque inferiori a quelli che richiamano difetti comuni, generici: ad esempio **Basso**, distribuito in tutta la penisola con le numerose varianti **Bassi**, **Bassa**, **Bassis**, **Bascio**, **Basciu**, **Lobasso**, **De Bassis**, **Bassetti**, **Bassetto**, **Bassini**, **Bassoli**, **Bassolino**, **Bassotti**, **Bassotto**, **Bassoni**, **Bassuto**, **Basciani**, **Basciano**, **Lobascio**, **Lovascio**: derivano tutti dal cognomen latino "Bassus", poi ripreso dal soprannome medievale "basso", che indicava naturalmente una persona bassa di statura, ma contemporaneamente anche tozza, grassa.

Gli amanti della precisione, tuttavia, avranno sicuramente preferito distinguere i difetti, creando il cognome **Tozzi** (o **Tozzetti**, **Tozzini**, **Tozzoli**), che oggi ha un epicentro nel Lazio, o il cognome **Grassi**, da cui anche **Grasso**, **Grassini**, **Grassani**, **Grassetti**, **Grasselli**, **de Grassi**, comunissimi in tutta Italia e con nuclei principali in Lombardia, Toscana e Sicilia.

Decisamente trasparente è anche **Zoppi**, da cui **Zoppetti**, **Zoppetto**, **Zoppini**, tipico del nord Italia (la variante **Zoppas** è invece tipicamente veneta), così come **Gobbi**, e i derivati **Gobbo**, **Gobba**, **Gobbis**, **Gobetti**, **Gobbetti**, **Gobbini**, **Gobbato**, **Gobessi**, **Gobesso**.

Più esteso, invece, il significato di **Storti** (o **Storto**), diffuso fra Lombardia e Veneto, con un nucleo anche in Campania, derivato da un soprannome legato all'aggettivo "storto", riferito al portamento o a parti del corpo (la schiena, ad esempio, in analogia con **Gobbi**), ma in alcuni casi può riferirsi a qualità morali o intellettuali (e "storto" assume quindi il significato figurato di "sbagliato" o "cattivo"). E' analogo **Malfatti**, cognome diffuso in Veneto, che richiama particolari volta in volta diversi, sia un soprannome per qualcuno che non aveva più di un difetto; ed è questa anche l'origine di **Brutti** (o **Brutto**), grazie al quale si evita l'imbarazzo della scelta.

Cognomi bestiali

 I cognomi degli animali: ne esistono molti, di vario tipo: possono ricalcare il nome stesso dell'animale (ed è in questo caso , sopratutto, che si ottengono le combinate tragicomiche come "bianca vacca"), o richiamarlo semplicemente come complemento o aggettivo, a volte seguendo forme dialettali non immediatamente identificabili. Ma cosa significano, esattamente?

In generale, una prima larga parte di animali diventati appellativi (e poi cognomi) traggono origine dal lavoro, indicano l'occupazione di chi li portava; altri invece, e non sono meno numerosi, prendono spunto da caratteristiche, fisiche o morali, analoghe o riconducibili in qualche modo a un animale: è una vecchia tradizione, che inizia con le favole morali greche e latine di Esopo, e Fedro, riprese nel XVIII secolo dal francese La Fontaine, e ancora attualissima:per tutti noi, ad esempio, la volpe è sinonimo di furbizia, l'agnello di mitezza, l'oca di stupidità.

Occupiamoci ora del primo gruppo: ne fa parte il sopracitato **Vacca**, diffuso in tutta Italia, con nuclei importanti in Piemonte, Campania, Puglia e Sardegna, insieme ai derivati più trasparenti **Vaccaro**, **Vaccarini** e **Vaccari**,quest'ultimo tipico dell'Emilia Romagna, che poteva indicare un tempo il proprietario di vacche (o anche solo di una, se pensiamo a epoche in cui possedere animali di questo tipo era un discreto lusso) così come un pastore o un custode.

Analogo è il significato di **Capra** e dei relativi **Caprini, Caprino, Capretta, Capretti, Caproni, Caprone**,diffusi tutti principalmente nel nord Italia, nonché del ligure **Chiabrera**, comune a Genova e derivato da una voce dialettale, e di **Cabrini**, originato dal termine spagnolo "cabra"; restando fra gli ovini troviamo anche **Pecora**,**Pecorini**, **Pecorelli**, **Pecorella**, diffusi un po' in tutta la penisola, con punte in Sicilia: in questo caso il significato può essere legato al mestiere di pastore, oppure richiamare un soprannome scherzoso o denigratorio per qualcuno particolarmente mansueto o privo di coraggio.

 Citiamone ancora un paio originati dalle caratteristiche fisiche: ad esempio il panitaliano **Sardella**, analogo a **Sardina**, che ha un nucleo nella zona di Palermo, e al rarissimo **Acciuga**: alla base può essere un soprannome che richiama il mestiere di pescatore o di pescivendolo (le sardine sono fra i pesci più comuni del Mediterraneo), oppure anche un riferimento alla corporatura magra e asciutta. Più pertinente ancora è **Corvo**, con i derivati **Corvi, Corvini, Corvina, Corvino, Corvetti, Corvetto**, diffusi un po' ovunque con punte in Lombardia, Campania e Puglia, che richiamano quasi sempre un'analogia fra le penne del corvo, nere e lucide, e il colore dei capelli o della barba, oppure ancora possono riallacciarsi al significato figurato di "persona ciarliera e importuna"o "credulona": analogia celebre, basti pensare alla favola di Esopo, in cui il malcapitato pennuto perde il proprio formaggio per aver scioccamente ceduto alle false lusinghe di una volpe. E' quindi anche piuttosto chiaro il significato del cognome **Volpe**, diffusissimo, specie in Lombardia e Campania, con i relativi **Volpini, Volponi, Volpetti, Volpino, Vulpetti, Volpicella**, sia derivato da un soprannome che indicava persone astute, scaltre; in alcuni casi, tuttavia, può anche indicare qualcuno rosso di capelli, in analogia con il colore del pelo dell'animale. Fra gli uccelli ricordiamo anche **Merlo**, diffuso in tutta l'Italia, con più alta frequenza in Liguria e in genere nel nord, e i derivati **Merli, Merlino, Merlini, Merloni, Merletto**, che richiama però due significati figurati, praticamente opposti: poteva quindi definire una persona scaltra come una particolarmente sciocca, a seconda delle zone; alcuni derivati come Merlino possono inoltre prendere origine da nomi propri medievali. Più semplice invece è **Falco**, con le varianti **Falchi, De Falco, Di Falco, Falchetto, Falcone,**

Falchieri, Fulchieri, Fulchero. Alla base sono i nomi medievali "Falco, Falcone, Falconiere", nati da soprannomi di mestiere, oppure per indicare caratteristiche nobili come forza, rapidità, coraggio: il falco era, del resto, un animale sacro presso i Longobardi; meno eroico, ma tutto sommato simile, è il cognome **Aquila**, diffuso dall'Abruzzo alle Marche e al Lazio e all'Umbria, legato a un soprannome usato per indicare una vista particolarmente acuta, intelligenza, rapacità. In altri casi può essere legato al toponimo L'Aquila,capoluogo abruzzese.

Citiamo infine quei cognomi, non pochi, che pur riferendosi al nome di un animale non sono nati dall'associazione fra caratteristiche fisiche o morali, ma richiamano altri significati, spesso religiosi: un caso su tutti è **Colombo** (per le numerose varianti vedere la prima puntata), che non richiama una qualche analogia fra persone e uccelli, ma si riferisce piuttosto al simbolo cristiano di pace, la colomba appunto, ed è quindi un cognome originato dalla devozione cristiana. Simile è **Tortora**, con i derivati **Tortorelli, Tortorini, Tortorella**, che in passato era simbolo cristiano di innocenza, così come **Agnello**, con le varianti **Agnello, Agnella, Aniello, D'Agnello, Dagnello, Agnellini, Agnellotti, Agnelutto, Agnelutti, Aniello, Anello**: espressamente riferito all' "Agnello di Dio", trova il suo posto nella schiera dei cognomi augurali. Ci sono poi alcuni casi in cui il cognome non è legato a un animale, ma può sembrarlo, a causa delle omonimie: ad esempio il cognome **Riccio** o **Ricci**, non è affatto un soprannome per indicare persone "spinose", ma si riallaccia più semplicemente ai capelli ondulati. E così **Renne** o **Renna**, tipico di Campania, Puglia e Sicilia, non ha niente a che vedere con la slitta di Babbo Natale, ma deriva invece dal nome greco Rhendes, origine a sua volta del toponimo Rende, città in provincia di Cosenza, o dai diversi paesi contenenti il vocabolo Renna, ad esempio in provincia di Ragusa, Brindisi o Cosenza.

Cognomi tedeschi

Sono cognomi italianissimi, ma hanno un significato chiaramente riconducibile a vocaboli stranieri: questo perché il nostro Paese non è sempre stato unito territorialmente, e neppure linguisticamente. Fino alla fine dell'ottocento, infatti, (in letteratura si usa dire fino ad Alessandro Manzoni, che con i Promessi Sposi ha codificato il fiorentino come lingua nazionale), in Italia si parlavano lingue diversissime, e difficilmente un lombardo si sarebbe capito con un siciliano: poi le guerre di Indipendenza, l'Unità nazionale, la cultura, e la diffusione della televisione nel secolo scorso ci hanno reso omogenei, ma ancora possiamo trovare segni delle antiche differenze nei dialetti locali, o appunto, nei cognomi.

Parliamo quindi dei cognomi "tedeschi": sono tutti originati dal germanico, nati probabilmente come soprannomi per uomini virtuosi o valorosi, hanno infatti significati diversi, ma tutti esprimono significati augurali o celebrativi. Importati nel nostro Paese prima con le invasioni barbare, poi con l'occupazione austriaca, si sono poi diffusi in tutte le regioni. Ad esempio **Arduino** (**Arduini**), diffusissimo in Liguria, che deriva dal nome germanico HARDWIN, ovvero "amico valoroso"; è composto dal vocabolo HARDHU (forte, valoroso, audace) e da WIN (amico). Simile per formazione è **Aicardi**, che proviene dal nome proprio longobardo "Aicardo", composto dal germanico AIG, ovvero "proprio, personale" e HARDHU, che abbiamo trovato prima. Il significato letterale sembra quindi essere "di valore, forza personale", ma è probabile che si alludesse a un uomo ricco di queste qualità. Da nomi propri prendono origine anche **Beltrami**, con i derivati **Beltramelli** e **Beltramo**, e il diffusissimo **Alberti**, con i similari **Alberta, Albertini, Albertario, Albertazzi, Aliberto, Aliberti, Albertis, Alberto**. Il primo è legato all'antico nome longobardo "Beltramo", letteralmente "corvo splendente": il nero pennuto, che per noi è sinonimo di malaugurio, era invece considerato animale pari all'aquila presso i Longobardi, e dunque sacro. Lo stesso popolo identificava in **Alberto**, da cui sono derivati i cognomi prima citati, una persona eccellente, di "nobile splendore"; le origini sono un nome proprio germanico formato dai vocaboli ATHALA (nobiltà) e BERTH (Splendore), assegnato in seguito venne assegnato come cognome propiziatorio o augurale.

Altrettanto diffusi sono i cognomi come **Otto**, o **Oddo**, presenti in tutta Italia, ma specialmente in Lombardia e Sicilia, o anche **Oddone, Oddoni, Ottone, Ottoni, Oddonello, Ottonello**, questi ultimi molto comuni in Liguria: non hanno legami con i numeri né con i metalli, derivano invece dai nomi propri "Oddo" e "Otto", a loro volta generati dal germanico AUDHA, cioè "possesso, ricchezza, potere"; origine simile per **Raimondi**, come per i relativi **Raimondo, Ramondo, Ramondi, Ramondini, che prendono vita dal nome proprio** "Raimondo", a sua volta legato al germanico "Raginmund", il cui significato è "protezione (MUND) del Consiglio (RAGIN)", cioè degli uomini importanti, del governo. Secondo un'altra accezione deriva invece dal gotico RAGIN, "protezione divina": in entrambi i casi la benevolenza non manca.

Infine, citiamo **Ruggeri**, insieme a **Ruggero, Ruggieri, Ruggiero**, cognome fra i più noti, che deriva dal nome proprio "Ruggero", di origine longobarda. Il significato va ricercato probabilmente nel germanico "Hrodger", cioè "famoso (HROTHI, ovvero "fama") per il suo giavellotto (GER)". Fama che si è diffusa in tutta Italia ,con nuclei importanti in Puglia, Sicilia, Marche e Lombardia

Il cognome Sardone

La famiglia Sardone è da alcuni scrittori ritenuta diramazione della famiglia Cardone, infeudata di Melito e Frignano col titolo marchionale (decreto ministeriale 16 / 10 / 1895), come da bibliografia del marchese Vittorio Spreti (enciclopedia storico nobiliare italiana Milano 1936).

Nella Rivista Araldica, del collegio araldico romano, si parla di una arma di famiglia, fasciata di azzurro e oro, col capo cucito di rosso, caricato da un fiore naturale di cardo.

Una curiosità. Nel Vecchio Testamento si ritrova il minerale sardonio. Sul pettorale di Aronne era una pietra preziosa assieme a topazio, smeraldo, rubino, zaffiro, diamante, opale, agata, ametista, crisolite, onice e diaspro, dodici gemme con incisi sopra i nomi delle tribù di Israele. Chissà, il cognome Sardone potrebbe, con la trasformazione di qualche sillaba, avere origini davvero antichissime!

Oggi le varianti Sardella, Sardelli, Sardina son diffuse specie nell'Italia centro-meridionale. Indicavano in origine persone magre? Venditori di pesce?

Stemma famiglia Cardone

SARDONE

STORIA O LEGGENDA ?

Dai racconti dei nonni dei nonni, pare che l'antenato Sardone, nel sedicesimo secolo, fosse abruzzese, proprietario terriero, di famiglia dotata di stemma araldico e sposato con una donna di eguale ceto sociale, senza prole. Di buona ora col suo calesse girava per i suoi poderi per rincasare a tarda sera; la moglie si occupava degli animali e delle faccende domestiche. Un bel giorno però la signora pare si invaghì di un ufficiale dell'esercito, incominciando una segreta frequentazione. Non trascorse molto tempo che qualcuno mise al corrente il Sardone della spiacevole situazione il quale decise personalmente di accertarsene. Cosicché si organizzò un mattino per simulare la routinaria escursione per i campi ed invece rientrare per cogliere sul fatto i due amanti. Così fu. Accecato dalla rabbia, li decapitò furiosamente; poi, come nulla fosse, ritornò in campagna. Nel frattempo i cadaveri furono scoperti e un vicino di casa andò a cercarlo per comunicargli la triste notizia. Sardone rientrò e simulò lacrime e dolore, onde evitare sospetti. Ma nei giorni seguenti il cerchio dei possibili autori si strinse insidiosamente, quindi decise di fuggire più lontano possibile. Venduti i suoi averi di gran fretta, si mise a vagare senza precisa meta per giorni e giorni, attraversò il Gargano e giunse sulla Murgia sino ad Altamura, dove si risposò, questa volta generando figli che dettero inizio alla sua discendenza.

IL COGNOME SARDONE IN ITALIA

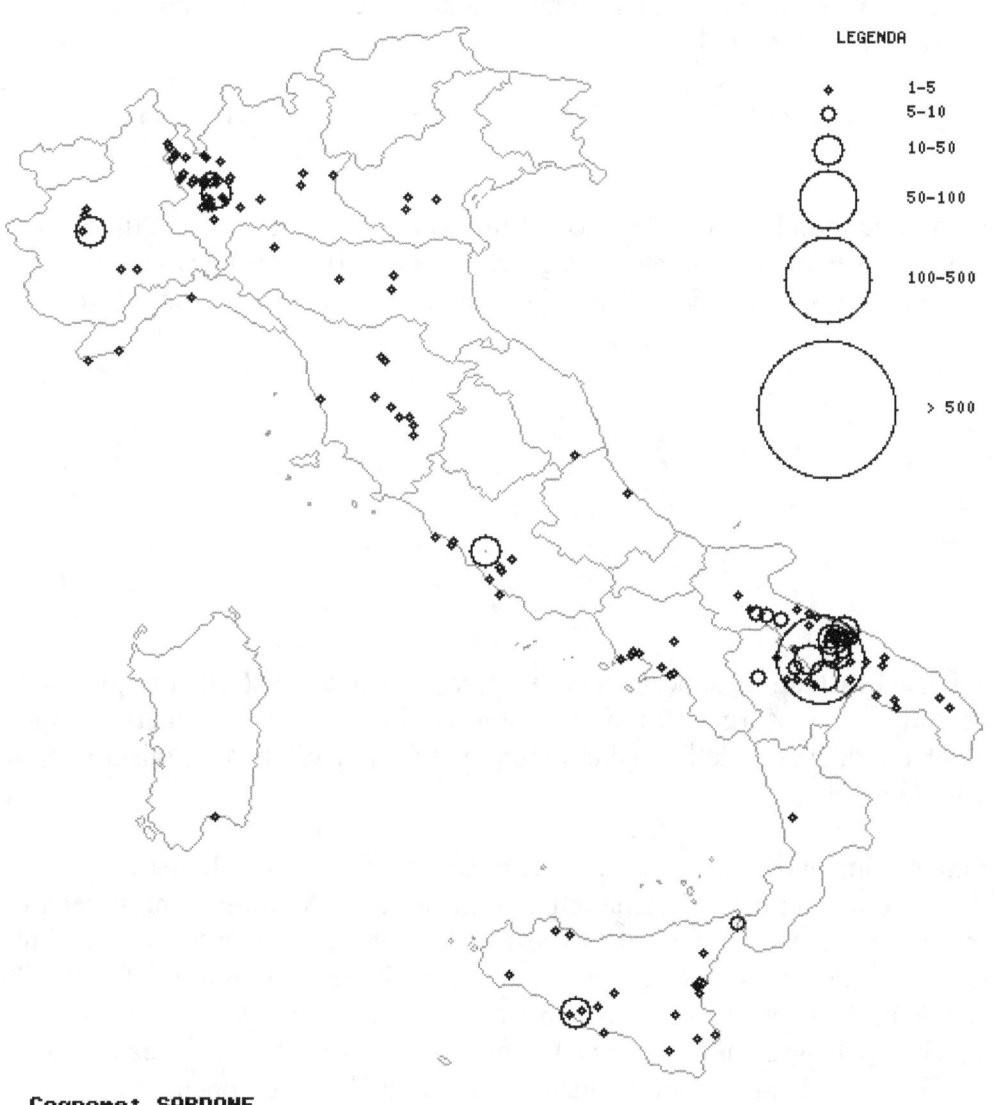

LEGENDA

. 1-5
o 5-10
10-50
50-100
100-500
> 500

Cognome: SARDONE

Presente in 153 comuni

BREVE STORIA DI ALTAMURA

Città del nostro ceppo *"Sardone"*

(fonte Wikipedia)

Altamura (Jaltamòur in dialetto altamurano, Altilia o Lupatia in latino) è un comune italiano di 70.000 abitanti della provincia di Bari in Puglia.

È l'ottavo comune della regione per popolazione e il dodicesimo d'Italia per superficie ed estensione.

La città di Altamura è conosciuta in Italia e all'estero soprattutto per la produzione di un tipico pane DOP, per la sua cattedrale, alto esempio di Romanico pugliese (secolo XIII) e per straordinari ritrovamenti paleontologici di interesse mondiale: l'Uomo di Altamura e la cava dei dinosauri.

Territorio

Ben 12.660 ettari del territorio di Altamura sono inclusi nel parco nazionale dell'alta murgia. In esso si trova la più estesa dolina delle Murge, il Pulo di Altamura. Si tratta di una cavità di origine carsica che si apre tra le dolci ondulazioni dell'altopiano murgiano a circa 477 m slm, misura 550 m di diametro e 92 m di profondità.

Ma il territorio di Altamura è salito agli onori della cronaca in ambito internazionale per il ritrovamento, nel sistema di grotte del pulo di "Lamalunga", dell'Uomo di Altamura, uno scheletro quasi integro (unico al mondo) di Homo Arcaicus. Esso costituisce 'il reperto più interessante di un giacimento piuttosto vasto e complesso comprendente resti ossei sia di ominidi vissuti 200-300 000 anni fa' (Vacca, 1999) che di animali vari. La cavità, scoperta nell'ottobre 1993 dal C.A.R.S. (Centro Altamurano Ricerche Speleologiche), è a circa 450 m slm e dista 1,2 km, in direzione SE, dalla Masseria Lamalunga da cui deriva il toponimo attribuito al luogo del ritrovamento.

A circa cinque chilometri da Altamura, inoltre, in una cava dismessa da tempo in *località Pontrelli*, lungo la strada per Santeramo in Colle è presente un altro sito paleontologico di importanza mondiale, la cui scoperta è ancora più recente: su una formazione rocciosa sono state rinvenute migliaia di impronte impresse da dinosauri vissuti nel Cretacico Superiore, ovvero circa 80 milioni di anni fa.

Soprattutto grazie a queste recenti scoperte, le Murge di Altamura, comprendenti la grotta di Lamalunga (col suo Homo arcaicus), la cava De Lucia (con le sue orme dei dinosauri) e il Pulo sono state presentate ufficialmente dallo Stato Italiano nella sua "Lista propositiva" all'UNESCO il 1° giugno 2006, candidandole in pratica a divenire uno dei Patrimoni dell'Umanità riconosciuti e tutelati dall'ONU.

Clima

Il clima di Altamura è di tipo sub-litoraneo,con inverni moderatamente freddi ed estati calde e asciutte. La temperatura in inverno si aggira intorno ai +5.5 °C, mentre in estate oscilla intorno ai +22 °C. Le precipitazioni annuali si attestano attorno ai 600 mm,in inverno le nevicate sono deboli ma frequenti soprattutto a febbraio, la temperatura minima in assoluto è stata di -11.3 gradi risalente al gennaio 1985.

Storia

In età preistorica

L'area su cui sorge l'attuale Altamura fu abitata sin dai tempi più remoti, come è stato dimostrato dal ritrovamento dell'Uomo di Altamura e da testimonianze più tardive come l'insediamento La Croce e la necropoli risalenti all'Età del Bronzo.

In età antica

Il primo insediamento di Altamura fu probabilmente creato dai Peuceti, che la chiamarono forse *Petilia* (città delle grandi pietre) o, secondo un'altra ipotesi, *Altilia* (da una mitica regina di nome Althea o da *Alter Ilium*), ovvero l'"altra Troia": una leggenda narra che, mentre Enea proseguiva verso il Lazio, Antello, uno dei suoi uomini, si sarebbe fermato su un colle delle Murge e vi avrebbe fondato l'attuale città.
Verso la fine del V secolo a.C., la città fu dotata di una cinta muraria da cui deriva il suo attuale nome: le Mura Megalitiche, testimonianza della necessità di difendersi dai nemici provenienti sia dal mare (Taranto) che dai monti (Lucania). L'abitato peuceta fu dapprima costituito da capanne circolari, poi da abitazioni in muratura quadrangolare, che ospitavano anche attività produttive. In epoca romana la città conobbe un sostanziale declino, probabilmente dovuto anche a una distruzione da parte di un cataclisma.

In età romana

Quando i Romani conquistarono l'Italia, la città non morì, ma visse ancora per altri secoli, come una città romana, anche se nel quadro di una certa decadenza.

Nelle campagne di Centopozzi sono stati ritrovati resti probabilmente attribuibili a un impianto termale; a Casal Sabini, a Jesce, si trovano ancora mura di età romana.

In età medioevale e moderna

Fu solo nel Medioevo che la città riacquistò una certa importanza, e ciò grazie all'imperatore Federico II di Svevia. Quando Federico II di Svevia nel XII secolo salì sulla collina di Altamura, questa era un luogo deserto e inabitato e la città era stata distrutta, secondo la leggenda, dal paladino Orlando da cui il motto della città "Rolandus me destruxit, Federicus me reparavit", che compare anche nello stemma.

Federico II di Svevia, salendo sul colle di Altamura, fu colpito dalla presenza delle mura megalitiche: decise allora di ricostruire la città. Dopo la rifondazione, la ripopolò, portando dei gravinesi con sé, e la chiamò Altamura, utilizzando un toponimo preesistente, dovuto alla presenza delle mura megalitiche. Ordinò la costruzione della grande Cattedrale (1232), destinata a divenire uno dei più venerati santuari in terra di Puglia. Nel 1248, sotto la pressione di Federico, Papa Innocenzo IV dichiarò Altamura fuori dalla giurisdizione del vescovo di Bari, rendendo la Cattedrale di fatto una "chiesa palatina", equivalente a una cappella di palazzo.

In seguito concesse ai nuovi abitanti la facoltà di coltivare la terra e ricostruire le case senza pagare le tasse. A queste condizioni così favorevoli accorsero ad Altamura genti di tutte le razze: Latini, Greci, Musulmani.

Rinata la città, si svuotarono lentamente i villaggi sparsi nelle campagne dove la gente si era rifugiata nei secoli bui della storia di Altamura. Così la città crebbe e si arricchì in breve tempo.

Il territorio di Altamura fu feudo di varie famiglie nobiliari, in particolare degli Orsini del Balzo e dei Farnese (1538-1734), questi ultimi committenti della costruzione di numerosi palazzi e chiese.

Nel 1648 l'insurrezione di Masaniello a Napoli coinvolse molte altre città del regno in un moto contro la feudalità, tra cui Altamura, che si era opposta con decisione ai tentativi di riconquista da parte di Giangirolamo II Acquaviva d'Aragona, il potente conte di Conversano. In quell'occasione, Altamura aderì alla Real Repubblica Napoletana e si autogovernò. Nel 1748 Carlo VII di Napoli vi fondò una università: un difficile percorso di affermazione, tra le prime in assoluto in tutta l'Italia meridionale.

Nel 1799 la città si ribellò contro il governo borbonico: la rivolta, conosciuta come la Rivoluzione di Altamura, fu alla fine repressa due giorni più tardi e la città saccheggiata dalle truppe di Fabrizio Ruffo. In epoca napoleonica invece l'università fu definitivamente chiusa (1811). Nel 1806, e fino al 1860, anno dell'occupazione garibaldina, fu sede del Distretto di Altamura, una delle tre suddivisioni amministrative della Terra di Bari.

Lo spirito rivoluzionario si fece sentire anche nel Risorgimento (XIX sec.) tanto da fare di Altamura, la sede del Comitato Insurrezionale Barese e, dopo l'Unità del 1860, fu la sede del primo capoluogo provvisorio della Puglia. E da allora che ebbe il nome "Leonessa di Puglia" per il coraggio dimostrato durante la ribellione contro i Borboni.

Gli antenati altamurani dal 1700

Il 7 marzo 1700, alle ore 14, nacque Vito Lorenzo Sardone, figlio di Michele Sardone e Giuditta Cagnazzi.

Il 27 ottobre 1725, alle ore 3, nacque Michele Sardone, figlio di Vito Lorenzo Sardone e Caterina Simone.

Il 19 febbraio 1753, alle ore 5, nacque Vito Lorenzo Sardone, figlio di Michele Sardone e Donna Concetta Sforza.

Il 14 settembre 1788, alle ore 8, nacque Michele Sardone, figlio di Vito Lorenzo e Maria Teresa Denora.

L'11 luglio 1813, alle ore 10, nacque Vito Lorenzo Sardone, figlio di Michele e Teresa Incampo.

Il 17 agosto 1843, alle ore 4, nacque Michele Sardone, figlio di Vito Lorenzo e Maria Giuseppa Genco.

Il 19 febbraio 1875, alle ore 16, nacque Vito Lorenzo Sardone, figlio di Michele Sardone e Angela Morelli.

IL CAPOSTIPITE

Vito Lorenzo Sardone , genitore severissimo, lavorava come pastore e massaro di campo presso diverse masserie, l'ultima delle quali ancora attiva in via foresta Mercadante di proprietà Ventricelli. Lo chiamavano Masser Vit Larinz . Aveva tentato di coltivare direttamente ed autonomamente la terra ma non gli era andata bene: un incendio aveva distrutto l'intero raccolto in contrada " tre lamie" di Melodia ed era tornato al lavoro dipendente. La nobile famiglia che lo aveva riassunto tra l'altro gli aveva raccomandato di non essere socialista e i 7 figli erano stati avviati precocemente al lavoro. Non altissimo di statura, robusto, baffuto, indossava sempre un grosso cappello e un mantello nero. Usava sovente, nelle ore non lavorative, trattenersi a piazza Santa Teresa con una seggiola che portava da casa con sé.

LA SUA FAMIGLIA

Vito Lorenzo Sardone nacque il 19 febbraio 1875 e morì il 16 agosto 1966. Dal suo matrimonio con Santa Miglionico, nata nel 1885 e morta nel 1945, celebrato il 14 febbraio 1903, nacquero 7 figli: Angela, Maria, Michele, Angelo, Maria Giuseppa, Giuseppe e Nicola.

I FIGLI MASCHI

MICHELE

Terzo di sette figli e primo dei quattro maschi , ricordava tra i parenti un cugino della madre assurto a notorietà nazionale per alti incarichi e per aver presieduto una sezione del Consiglio di Stato ed esser diventato consuocero del Presidente del Consiglio Alcide de Gasperi. Ricordava altresì che gli zii paterni erano stati autorevoli massari che, secondo le dicerie dell'epoca, non si facevano "passare la mosca dinanzi al naso" . A Michele era toccato frequentare fino alla terza elementare, ma gli era rimasta una notevole capacità di conti e conteggi ed una innata volontà di elevazione e miglioramento tramite il lavoro. Aveva imparato a realizzare le "maite" anche solo di paglia, le cosiddette " biche" , a tagliare i boschi sicchè il lavoro anche invernale , meglio pagato, era garantito. Tale abilità gli consentì di risolvere, ad esempio, sul finire degli anni quaranta , un problema al capo-cantiere impegnato nei lavori della strada Tarantinella tra via Matera e via Carpentino, di abbattimento di alberi. Il servizio militare l'aveva prestato a Padova, città rimastagli nel cuore e di cui ricordava volentieri il livello linguistico di un bambino cui aveva chiesto, assieme ad altri commilitoni , di portarli in un certo posto, che gli aveva risposto di potere "condurli" ma non portarli. Durante la Seconda Guerra Mondiale era stato inviato a Rodi, nel mar Egeo, dove era rimasto per alcuni mesi arricchendo la propria esperienza. Si era sposato con Irene Cannito, figlia di Michelangelo, bracciante e lavoratore ricercatissimo per la sua instancabilità e resa . Per la festa di matrimonio era stato utilizzato un maiale di circa 150 chilogrammi . Nel dopoguerra aveva iniziato a svolgere l'attività di sensale e mediatore per la vendita dei prodotti agricoli per la famiglie di piccoli coltivatori, poi aveva intrapreso l'attività di piccolo commerciante di cerali e legumi acquistati nei paesi della Basilicata e della Calabria e rivenduti ad Altamura, centro commerciale fiorente . E così si recava in piazza Duomo di buon mattino con le tasche piene dei tipici fazzoletti rossi, contenenti i campioni dei prodotti da proporre in vendita ai grossisti o al molino del posto. Nei primi anni cinquanta aveva comprato la prima casa , rigorosamente contadina,con sottano munito di mangiatoia e piano di sopra. La mangiatoia non fu mai utilizzata e la stessa casa fu rivenduta per poi acquistarne una più grande , tuttora di proprietà di uno dei discendenti. Acquistava coi risparmi piccoli appezzamenti di terreno perché credeva nell'autosufficienza per il pane e il vino. Mensilmente un quintale di grano di propria produzione lo portava al mulino per ricavarne la farina occorrente per l'intero mese. Analogamente produceva, in proprio, vino e olio. Dal matrimonio eran nati 9 figli di cui solo 6 sopravvissuti. Aveva agevolato la frequenza scolastica dei figli maschi ma non quella delle femmine, perché secondo la visione dell'epoca soprattutto femminile, le donne dovevano imparare l'arte, e per arte si intendeva l'apprendimento dell'uso dell'uncinetto e del telaio. E' morto a 77 anni nel 1988 , e mentre aveva gioito per le affermazioni dei figli, non ha potuto vedere i notevoli cambiamenti culturali dei nipoti, quasi tutti laureati senza distinzione di sesso. La più grossa eredità consegnata ai discendenti è nel modello di vita, tutto proteso verso il lavoro e la famiglia, senza risparmio alcuno. Anche il giorno in cui è morto, in mattinata, si era recato in campagna per l'attività cui era tornato a dedicarsi dopo il pensionamento per passione e legame ancestrale.

Michele Sardone

Michele Sardone - Irene Cannito

ANGELO

Classe 1915, lavorò sin dalla piccola età come contadino nei campi dei ricchi proprietari terrieri. Col tempo poi, acquistò qualche piccolo podere che i mezzadri gestivano per la mano d'opera. Il ricavato servì al fabbisogno familiare ed alle esigenze dei fratelli minori. Chiamato alle armi, non accettando caratterialmente le dure regole del servizio militare, escogitò il sistema di farsi intenzionalmente estrarre i denti pur di ottenerne l'esonero. Nel 1944 grazie al vicinato conobbe la sua Grazia. Neppure il tempo di fare conoscenza e una lite familiare, pare legata a questioni di eredità, creò non pochi problemi. In più, lutti familiari in sequenza portarono ad organizzare un matrimonio quasi di nascosto, di primissimo mattino, unico modo per evitare feroci critiche da parte del vicinato che li avrebbe disonorati. Poco tempo dopo, Angelo si ammalò di bronchite e pertanto dovette abbandonare le mansioni campestri aprendo un piccolo negozio assieme alla moglie. Nacquero poi i quattro figli. Prossimo alla pensione e appassionato di automobili, si cimentò da autista inventando un efficiente servizio di taxi privato: anche da ultrasettantenne, il suo furgone addobbatissimo di santini era lì, in piazza santa Teresa, di buon mattino, pronto alla partenza.

Angelo Sardone

GIUSEPPE

Classe 1921, frequentò la scuola sino alla quinta elementare, poi dovette spesso affiancare il padre-massaro in campagna. Servizio militare nel genio ferrovieri, quindi, dopo la guerra ritornò alle attività agricole come bracciante. Nel 1950 conobbe la sua Maria, la cui sorella era già sposata con tale Giuseppe Ceglie commerciante di cereali. Il matrimonio si celebrò ad Albano di Lucania. Cambiò più volte lavoro: prima aprì un negozio di generi alimentari, poi venne assunto come guardia campestre dalla famiglia Acquaviva, nel 1959 divenne ferroviere e fu destinato a S.Nicola di Melfi. Pochi anni e giunse il trasferimento a Gravina, dove lavorò sino all'età della pensione.

Giuseppe Sardone

NICOLA

Classe 1924, frequentò la scuola fino alla terza elementare, poi papà Lorenzo lo mandò a lavorare come apprendista fornaio. Conobbe già da bimbo la sua donna : giocava il piazza S. Teresa assieme a lui. Teresa Acquaviva abitava proprio lì, in via Vittorio Veneto, dove attualmente c'è una cartolibreria. Quante botte dai genitori di lei per quella frequentazione troppo precoce…! Passarono gli anni: militare a Padova, da dove rientrò nel 1944. Poco dopo, durante la guerra, perse la mamma. Così Nicola e Teresa decisero di sposarsi e andare a vivere nei pressi della chiesa di S. Lorenzo, in via Alessandria, in un seminterrato, fino alla nascita del piccolo Vito Lorenzo. Poi ritornarono nella casa paterna di via Pisacane, dove il fornaio Nicola aprì una seconda attività, una merceria. In seguito, gestì per qualche anno il negozio di alimentari del fratello Giuseppe, il quale aveva ottenuto un incarico dalle Ferrovie come casellante a Melfi. Il negozio faceva pure da abitazione nella stanza posteriore ed era dotato di bagno, evenienza non proprio frequente visto che fino a qualche anno prima molte case erano accessoriate solo con la cosiddetta "capasa" in terracotta per i bisogni, e un comune straccio precursore della carta igienica . Comunque, questo tipo di attività, nonostante i confort della sede, non convinse Nicola, al punto che presto aprì nuovamente la merceria, che esiste ancora oggi, gestendo contestualmente un altro forno in via Zuppetta. Ma solo per poco: la vendita a prezzo affare di "scampoli" rimase unico mestiere. Tanto che si comprò pure un'auto, una Bianchina azzurra col tetto bianco, per le trasferte baresi di rifornimento merce. Era il 1962. La tentazione di crescere economicamente lo portò anche a un salto in Germania, da dove però ritornò subito, convinto dal fratello Giuseppe ferroviere che gli garantì nuovo lavoro presso una ditta specializzata in riparazione binari. Due anni dopo, Nicola accompagnò a Milano in treno il fratello Angelo che commerciava automobili. Pochi giorni e sarebbero rientrati in Puglia guidando due vetture appena acquistate. Un tragico destino attendeva il più piccolo dei figli di Masser Vit Larinz. La "seicento" condotta da Nicola, in una notte di agosto, gli rubò la vita schiantandosi contro un camion tra Fano e Pesaro.

Nicola Sardone

Nicola Sardone – Teresa Acquaviva

LE GENERAZIONI SUCCESSIVE

ANGELA SARDONE nacque il 1 ottobre 1902 e morì il 15 dicembre 1944 . Dalla sua unione in matrimonio il 16 aprile 1930 con Tommaso Vicenti (nato l'11 luglio 1900 e morto il 9 gennaio 1946) nacquero 5 figli: Pasquale, Giuseppina, Vito Lorenzo, Vincenzo e Michele.

MARIA SARDONE nacque il 27 febbraio 1909 e morì il 9 gennaio 1998 . Dalla sua unione in matrimonio il 7 giugno 1936 con Giuseppe Rotunno (nato il 2 febbraio 1906 e morto il 20 febbraio 2006) nacquero 3 figli: Caterina, Vito Lorenzo e Pasquale.

MICHELE SARDONE nacque il 5 marzo 1911 e morì il 13 luglio 1988. Dalla sua unione in matrimonio l'11 febbraio 1940 con Irene Cannito (nata il 24 gennaio 1916 e morta il 23 luglio 2009) nacquero 6 figli: Santa, Vito Lorenzo, Lucia, Angela, Giovanni e Giuseppe.

ANGELO SARDONE nacque il 10 aprile 1915 e morì il 3 settembre 2007. Dalla sua unione in matrimonio il 23 dicembre 1944 con Grazia Cicivizzo (nata il 14 giugno 1922 e morta il 2 dicembre 2000) nacquero 4 figli: Santa, Laura, Lucia Angela e Vito Lorenzo.

MARIA GIUSEPPA SARDONE nacque il 22 settembre 1917 e morì il 6 febbraio 2007. Dalla sua unione in matrimonio il 30 settembre 1951 con Vincenzo Basile (nato il 12 gennaio 1914 e morto il 23 novembre 1965) nacquero 4 figli: Giacomo, Lorenzo, Berardino e Michele.

GIUSEPPE SARDONE nacque il 5 giugno 1921 e morì il 9 febbraio 2004. Dalla sua unione in matrimonio il 26 marzo 1951 con Maria Soldo (nata il 7 giugno 1926 e morta il 28 agosto 2011) nacquero 6 figli: Vito Lorenzo, Rocco, Michele, Santa, Antonietta e Nicola.

NICOLA SARDONE nacque il 23 marzo 1924 e morì il 2 agosto 1964. Dalla sua unione in matrimonio il 18 settembre 1949 con Teresa Acquaviva (nata il 10 giugno 1926) nacquero 5 figli: Vito Lorenzo, Santa, Maria, Angela e Chiara.

Michele Sardone - Irene Cannito

Maria Sardone - Giuseppe Rotunno

Famiglia Angelo Sardone - Grazia Cicivizzo

Famiglia Maria Giuseppa Sardone - Vincenzo Basile

Famiglia Giuseppe Sardone - Soldo Maria

Nicola Sardone - Teresa Acquaviva e figli

LE ULTIME GENERAZIONI

Famiglia Angela Sardone - Tommaso Vicenti

Pasquale Vicenti, nato il 18 luglio 1930 e morto il 6 giugno 2007, ha sposato nel settembre 1956 Basile Angela, nata il 18 maggio 1927 e morta il 19 gennaio 2012.

Hanno cinque figli: Vicenti Angela, nata il 21 maggio 1959, Chiara, nata il 10 giugno 1961, Tommaso, nato il 23 agosto 1963, Nicola, nato il 21 luglio 1965 e deceduto il 20 dicembre 2010, e Giuseppina, nata il 25 aprile 1969.

A loro volta: Angela, coniugata e separata, ha tre figli, Mariateresa, Giosuè e Annalisa; Chiara, coniugata e separata, ha due figli, Raffaella e Antonio; Tommaso ha due figli, Didi e Doris; Nicola ha sposato Furio Elisa, nata il 7 maggio 1964, generando Angela e Pasquale; Giuseppina ha sposato Rimedio Francesco.

Giuseppina Vicenti, nata il 3 gennaio 1932, ha sposato il 15 marzo 1952 Picerno Giovanni, nato il 25 aprile 1931.

Hanno cinque figli: Picerno Giuseppe, nato il 20 novembre 1952, Maddalena, nata il 1^ gennaio 1955, Angela, nata il 26 ottobre 1960, Teodora, nata il 24 ottobre 1965 e Tommaso, nato il 12 marzo 1972.

A loro volta: Giuseppe ha sposato Lomurno Lucia, nata il 12 ottobre 1956; Maddalena ha sposato Cirrottola Giuseppe, nato il 2 marzo 1948; Angela ha sposato Calia Saverio, nato il 27 marzo 1959; Teodora ha sposato Martino Luca, nato il 9 ottobre 1960 e Tommaso ha sposato Ardino Annunziata, nata il 2 marzo 1964.

Vito Lorenzo Vicenti, nato il 5 marzo 1934 e morto il 3 agosto 1988, ha sposato il 25 aprile 1960 Gallo Nicoletta.

Hanno quattro figli: Vicenti Angela, nata il 4 ottobre 1962,Tommaso, nato il 24 marzo 1961 e deceduto nel 1970, Palma, nata il 30 dicembre 1964, Domenico, nato il 19 novembre 1966.

A loro volta: Angela, coniugata e separata, ha quattro figli, Anna, Nicoletta, Rosa e Marco; Palma ha sposato Digirolamo Vincenzo generando Domenica, Raffaele e Vito Lorenzo; Domenico ha sposato l' 8 ottobre 1999 Caponio Luigia, nata il 21 giugno 1966 generando Vito Lorenzo e Stefano.

Vincenzo Vicenti, nato il 17 dicembre 1935 e deceduto il 19 ottobre 1994, ha sposato l '11 giugno 1955 Cristallo Giuseppina, nata il 24 marzo 1938.

Hanno sette figli: Vicenti Angela, nata il 23 giugno 1957 e deceduta il 2 gennaio 2004, Maria, nata l'8 gennaio 1960 , Giuseppa nata il 5 luglio 1962, Tommaso, nato il 2 febbraio 1964, Oronza, nata il 12 gennaio 1966, Pasqua, nata il 19 ottobre 1967 e Santa, nata il 19 aprile 1969.

A loro volta: Angela ha sposato il 18 giugno 1983 Quattromini Salvatore, nato il 17 gennaio 1957 generando Rosa, Liborio e Giusy; Maria ha sposato il 1^ maggio 1982 Lasalandra Giovanni, nato il 9 agosto 1953, generando Francesco, Vincenzo, Carmela e Pina; Giuseppa, coniugata e separata ha generato Fabio; Tommaso ha sposato il 23 agosto 1993 Didonna Anna, nata il 23 aprile 1968 generando Vincenzo e Giusy; Oronza ha sposato il 21 settembre 1992 Basile Giuseppe, nato il 18 marzo 1957, generando Carlo e Valentina; Pasqua ha sposato il 7 settembre 1996 Casiero Michele, nato il 20 agosto 1967 generando Luciana, Roberta e Alex; Santa ha sposato il 7 maggio 1994 Cappiello Mario, nato l'11 settembre 1967, generando Giacomo e Vincenzo.

Michele Vicenti, nato il 16 luglio 1938 e deceduto il 30 agosto 1971, ha sposato l' 8 febbraio 1964 Tafuni Caterina, nata il 18 febbraio 1942 e deceduta il 5 ottobre 1980.

Hanno quattro figli: Vicenti Angela, nata l' 8 gennaio 1965, Teresa, nata il 15 giugno 1966 , Tommaso, nato l'11 gennaio 1968 e Domenico, nato il 3 febbraio 1971.

A loro volta: Teresa ha sposato il 15 settembre 1988 Paciolla Costantino, generando Angela e Caterina; Tommaso ha sposato il 29 dicembre 2000 Paolicelli Anna, generando Valeria; Domenico ha sposato il 31 agosto 1998 Dileo Benedetta, generando Caterina, Michele e Angelica.

Giuseppina Vicenti, Giovanni Picerno e figli

Michele Vicenti e Caterina Tafuni

Figli di Michele Vicenti – Tommaso, Angela, Teresa, Domenico

Pasquale Vicenti e Angela Basile

Vito Lorenzo Vicenti e Nicoletta Gallo

Vincenzo Vicenti

AGGIORNAMENTI

Famiglia Maria Sardone - Giuseppe Rotunno

Rotunno Caterina nata il 31 luglio 1940, ha sposato il 12 aprile 1971 Picerno Domenico, nato il 6 novembre 1936. Hanno quattro figli: Picerno Pasqua, nata l'11 luglio 1972, Maria, nata il 14 novembre 1973, Laura, nata l'8 giugno 1978 e Giuseppina nata il 30 novembre 1983.

A loro volta, Pasqua ha sposato Lauriero Pietro , nato il 27 luglio 1967, generando Lucia, Giuseppe e Caterina; Maria ha sposato Colamonaco Bartolomeo, nato il 13 settembre 1972, generando Maria e Caterina; Laura ha sposato Galetta Tommaso, nato il 14 marzo 1975, generando Simona; Giuseppina ha sposato Denora Francesco, nato il 14 dicembre 1981.

Rotunno Vito Lorenzo, impiegato, nato il 1^ dicembre 1944, ha sposato il 4 giugno 1977 Nitti Francesca, nata il 27 marzo 1954. Hanno due figli, Rotunno Giuseppe, nato il 15 ottobre 1978 e Maria Rosaria, nata il 28 marzo 1980.

Rotunno Pasquale,metalmeccanico, nato il 5 aprile 1948, ha sposato il 7 agosto 1971 Forte Maria, nata il 4 luglio 1957. Hanno tre figli,Rotunno Giuseppe, nato il 26 maggio 1972, Maria, nata il 2 gennaio 1975, Andrea, nato il 29 dicembre 1981. A sua volta, Giuseppe ha sposato Festa Vincenza, nata il 17 giugno 1976, generando Pasquale e Davide.

Caterina Rotunno e Domenico Picerno

Maria Rosaria Picerno, Bartolomeo Colonna e figli

Pasqua Picerno , Pietro Laurieri e figli

Giuseppina Picerno e Denora Francesco

Laura Picerno e Tommaso Galetta con Simona

Lorenzo Rotunno, Francesca Nitti e figli

Pasquale Rotunno, Forte Maria e figli

AGGIORNAMENTI

Famiglia Michele Sardone - Irene Cannito

Santa Sardone, nata il 30 gennaio 1941 , ha sposato il 30 dicembre 1970 Patella Massimo , nato il 19 dicembre 1938 . Hanno due figli, Patella Giuseppe, nato il 17 ottobre 1974, e Annunziata, nata il 18 novembre 1971. A loro volta Giuseppe ha sposato il 20 giugno 2009 Martino Grazia, nata il 15 ottobre 1980, generando Lorenzo il 4 giugno 2012 ; Annunziata ha sposato il 5 luglio 1997 Rinaldi Francesco, nato il 4 ottobre 1958.

Vito Lorenzo Sardone, nato il 27 maggio 1942, ha sposato il 1^ luglio 1968 Farella Imperia, nata l'8 settembre 1943. Hanno tre figli, Sardone Michele, nato il 6 dicembre 1968, Emilio, nato il 9 ottobre 1970 ed Irene, nata il 1^ ottobre 1973. Michele convive con Chiara Silecchia, nata il 31 ottobre 1973, e con la loro figlia Imperia, nata il 21 ottobre 2010; Emilio ha sposato in data 20 dicembre 2012 Angela Ragone, nata il 28 settembre 1969 ; Irene ha sposato in data 12 giugno 2010 Francesco Dimarno, nato il 27 ottobre 1973, generando Anna Imperia il 31 maggio 2011.

Lucia Sardone, nata il 26 febbraio 1946, ha sposato il 1^ maggio 1968 Berloco Nicola, nato il 1^ agosto 1940. Hanno tre figli, Michele, nato il 3 giugno 1969, Vito, nato il 15 febbraio 1972 e Maria, nata il 12 settembre 1975. A loro volta Michele ha sposato il 26 aprile 2003 Natale Lorenza, nata il 19 febbraio 1969, generando Nicola, nato il 28 agosto 2004 e Francesco nato il 10 luglio 2006; Vito ha sposato il 7 luglio 2001 Quartarella Irene, nata il 21 febbraio 1972, generando Lucia il 3 novembre 2008; Maria ha sposato il 7 ottobre 2000 Renzo Michele, nato il 21 dicembre 1971, generando Francesco il 30 ottobre 2002, Nicolò il 28 dicembre 2005 e Giorgio il 17 maggio 2008.

Angela Sardone, nata il 12 ottobre 1948, ha sposato il 20 agosto 1974 Lograno Luca, nato il 19 maggio 1945. Hanno due figlie , Francesca, nata il 29 maggio 1975 e Irene Anna, nata il 26 luglio 1979.

Giovanni Sardone, nato l'11 settembre 1953, ha sposato il 4 ottobre 1982 Tragni Bianca, nata il 23 gennaio 1944. Hanno due figlie, Irenella, nata l'8 ottobre 1983 e Immavera, nata il 26 aprile 1986.

Giuseppe Sardone, nato il 6 aprile 1956, ha sposato il 14 maggio 1978 Bonora Magda, nata a Ferrara il 30 ottobre 1957. Hanno un figlio, Michele, nato il 15 agosto 1978.

Famiglia di Vito Lorenzo Sardone

Vito Lorenzo Sardone con nipotine Imperia e Anna Imperia

Giovanni Sardone con Bianca Tragni, Immavera, Irenella

Angela (Lina) Sardone con Luca Lograno, Irene, Francesca

Giuseppe Patella,

Grazia Martino

e Lorenzo

Santa Sardone

Michele Berloco, Lorenza Natale con Francesco e Nicola

Nicola Berloco e Lucia Sardone

Maria Berloco, Michele Renzo con

Francesco, Nicolò' e Giorgio

Vito Berloco

Giuseppe Sardone

AGGIORNAMENTI

Famiglia Angelo Sardone - Grazia Cicivizzo

Santa Sardone, nata il 16 novembre 1945, ha sposato il 6 ottobre 1962 Zizzari Bruno, nato a Lecce l'8 agosto 1942. Hanno due figli : Zizzari Annunziata, nata il 23 luglio 1963 e Vittorio, nato il 1^ luglio 1966. A loro volta Annunziata ha sposato il 9 settembre 1992 Lavopa Lorenzo, nato il 18 marzo 1961, generando due figli gemelli il 22 agosto 1995, Desireè e Leandro; Vittorio ha sposato Degiorgi Donatella, nata il 15 febbraio 1968, generando due figli, Federica, nata il 18 febbraio 1994 e Fabio, nato il 26 maggio 1998.

Laura Sardone, nata il 28 novembre 1947 , ha sposato il 4 luglio 1970 Tragni Sante, nato il 2 novembre 1948. Hanno quattro figli: Tragni Irene, nata il 17 maggio 1971, Antonello, nato il 16 agosto 1972, Grazia, nata il 9 settembre 1974 e Angelo, nato il 28 ottobre 1977. A loro volta Irene ha sposato il 18 dicembre 2008 Casiello Vito, nato il 15 ottobre 1976, generando un figlio, Nicolò il 14 aprile 2009; Antonello ha sposato il 20 agosto 1998 Fiore Loredana, nata il 1 luglio 1974, generando due figli, Laura, il 5 maggio 2000 e Sandro, il 5 gennaio 2005; Grazia ha sposato il 5 giugno 1999 Sardone Gianni, nato il 14 giugno 1972, generando tre figli, Giuditta il 9 gennaio 2000, Saverio il 31 marzo 2003 e Alessandro il 23 luglio 2010; Angelo ha sposato il 6 settembre 2005 Camastra Veneranda, nata il 29 settembre 1979, generando due figli, Anna Laura il 27 maggio 2007 e Alessandro il 6 ottobre 2009.

Lucia Angela Sardone, nata il 23 gennaio 1950.

Vito Lorenzo Sardone, nato il 14 febbraio 1952 ha sposato il 27 aprile 1978 Terlizzi Maria Giuseppa, nata il 1^ febbraio 1948. Hanno tre figli : Sardone Grazia, nata il 23 gennaio 1979, Rosa, nata il 11 agosto 1983 e Angela, nata il 11 gennaio 1988. A sua volta Grazia ha sposato il 15 maggio 2003 Zonno Antonio, nato il 14 settembre 1974, generando due figli, Teresa il 20 ottobre 2004 e Michele il 29 luglio 2009.

Sante Tragni e Laura Sardone

Lucia Angela Sardone

Vito Lorenzo Sardone, Maria Giuseppa Terlizzi con Angela, Rosa e Grazia

Annunziata Zizzari e Lorenzo Lavopa

Grazia Sardone, Antonio Zonno con Teresa e Michele

Irene Tragni, Vito Casiello e Nicolo'

Antonello Tragni, Loredana Fiore con Laura e Sandro

Grazia Tragni, Gianni Sardone con Giuditta e Saverio

Angelo Tragni , Veneranda Camastra con Annalaura e Alessandro

AGGIORNAMENTI

Famiglia Maria Giuseppa Sardone - Vincenzo Basile

Giacomo Basile, nato il 18 agosto 1953, ha sposato il 6 luglio 1978 Colafelice Franca, nata l' 8 ottobre 1953. Hanno tre figli, Basile Vincenzo, nato il 12 giugno 1979, Maria Pia, nata il 18 febbraio 1981 e Mariagrazia nata il 14 settembre 1987.

Vito Lorenzo Basile, nato il 30 luglio 1955, ha sposato il 27 gennaio 1977 Sciannandeno Grazia, nata il 16 febbraio 1958. Hanno tre figli, Basile Vincenzo, nato il 24 ottobre 1977, Giuseppina, nata il 18 aprile 1980 e Maria, nata il 31 dicembre 1988. A sua volta Vincenzo ha sposato Tafuni Anna Chiara, nata il 12 dicembre 1977.

Berardino Basile, nato il 1^ maggio 1957, ha sposato il 6 settembre 1980 Riccaldo Maria, nata il 27 luglio 1957. Hanno due figlie, Basile Maria Giuseppina, nata il 22 giugno 1981 e Francesca, nata il 28 settembre 1985.

Michele Basile, nato il 25 dicembre 1960, ha sposato il 9 luglio 1987 Giorgio Maria Vincenza, nata l' 8 giugno 1964. Hanno due figlie, Basile Maria Giuseppina, nata il 30 aprile 1988 e Annunziata, nata il 28 gennaio 1993.

Lorenzo Basile, Grazia Sciannandeno con Giusy e Francesca

Vincenzo Basile e Annachiara Tafuni

Berardino Basile, Maria Riccaldo con Maria Giuseppina e Francesca

Michele Basile, Maria Vincenza Giorgio con

Maria Giuseppina e Annunziata

AGGIORNAMENTI

Famiglia Giuseppe Sardone - Maria Soldo

Vito Lorenzo Sardone, nato ad Altamura il 19 aprile 1952, ha sposato il 6 settembre 1983 Fidelia Teresa, nata a Gravina il 20 gennaio 1954. Hanno due figli, Sardone Giuseppe, nato il 6 agosto 1984, e Luciano, nato a Vimercate il 24 maggio 1988.

Rocco Sardone, nato ad Altamura il 14 maggio 1954, ha sposato l'11 settembre 1991 Ardito Nunzia, nata a Gravina il 18 aprile 1959. Hanno tre figli: Sardone Maria, nata il 1^ ottobre 1992, Rita, nata il 5 gennaio 1994 e Alessandra nata il 17 agosto 1998.

Michele Sardone, nato il 15 maggio 1956, separato, ha due figli : Sardone Giuseppe, nato il 3 giugno 1990 e Miriam nata il 5 ottobre 1993.

Santa Sardone, nata il 12 luglio 1959, ha sposato il 28 agosto 1989 Ariani Pasquale, nato a Gravina il 27 gennaio 1957. Hanno due figli, Maria Antonietta, nata il 29 gennaio 1993 e Giuseppe, nato il 14 agosto 1995.

Antonietta Sardone , nata a Melfi il 16 settembre 1962, ha sposato il 21 giugno 1990 Carbone Paolo, nato a Ghedi (Bs) il 19 giugno 1962. Hanno tre figli, Carbone Saverio, nato il 14 aprile 1991, Giuseppe, nato il 1^ dicembre 1997 e Cristina, nata il 24 luglio 2003.

Nicola Sardone, nato a Melfi il 30 luglio 1966, ha sposato l'8 luglio 1993 Carone

giugno 1994, Giovanni, nato il 27 novembre 1996, Maria Elena, nata il 25 luglio 1998 e Angelica Ilaria nata il 20 gennaio 2004.

Vito Lorenzo Sardone, Teresa Fidelia con Luciano e Giuseppe

Rocco Sardone, Nunzia Ardito con Maria, Rita e Alessandra

Michele Sardone con Miriam e Giuseppe

Santa Sardone, Pasquale Ariani con

Maria Antonietta e Giuseppe

Antonietta Sardone, Paolo Carbone con Saverio, Giuseppe e Cristina

Nicola Sardone , Vita Carone con Giuseppe,

Giovanni, Maria Elena e Angelica Ilaria

AGGIORNAMENTI

Famiglia Nicola Sardone - Teresa Acquaviva

Vito Lorenzo Sardone, nato l'11 luglio 1950, ha sposato il 17 aprile 1971 Castoro Teresa, nata il 20 febbraio 1951. Hanno tre figli, Sardone Nicola, nato il 1 dicembre 1972, Patrizia, nata il 30 ottobre 1977 e Marisa, nata il 31 gennaio 1981. A loro volta Nicola, coniugato e separato, ha generato due figli, Erica, nata il 7 febbraio 1999 e Vito Lorenzo, nato il 7 marzo 2002; Patrizia convive a Orgiva (Spagna) con Isturiz Gustavo Adolfo Torres, nato a Caracas in Venezuela il 28 dicembre 1975, e ha generato due figli, Rio il 10 aprile 2009 e Luan il 13 gennaio 2011.

Santa Sardone, nata il 2 luglio 1952 , ha sposato il 3 febbraio 1977 Mirizzi Liborio, nato il 15 gennaio 1950. Hanno tre figli: Mirizzi Michele, nato il 28 giugno 1978, Apollonia, nata il 22 giugno 1979 e Nicola, nato il 23 aprile 1983. A sua volta, Apollonia ha sposato il 14 giugno 2008 Ciccimarra Domenico, nato il 17 febbraio 1975, generando un figlio, Filippo, il 1^ maggio 2009.

Maria Giuseppa Sardone, nata il 12 maggio 1957, ha sposato il 31 agosto 1984 Vincenzo Maria Roberto Moramarco, nato il 9 ottobre 1954. Hanno tre figli, Moramarco Domenico, nato il 18 luglio 1985, Nicola, nato il 13 maggio 1988 ed Ernesta Enrica, nata il 13 giugno 1993.

Angela Sardone, nata il 6 marzo 1959, ha sposato il 1^ settembre 1983 Ventrelli Vincenzo, nato a Bari il 13 ottobre 1949. Hanno due figli : Ventrelli Stella, nata il 17 giugno 1985 e Dario, nato il 5 maggio 1992.

Chiara Sardone, nata il 16 dicembre 1962, ha sposato il 7 maggio 1987 Serino Giovanni, nato il 9 ottobre 1958. Hanno due figli , Serino Onofrio, nato il 21 novembre 1987 e Nicola, nato il 22 novembre 1991.

Lorenzo Sardone e Teresa Castoro

Marisa Sardone

Patrizia Sardone , Isturiz Gustavo Adolfo Torres con Rio e Luan

Nicola Sardone con Erika e Vito Lorenzo

Santa Sardone, Liborio Mirizzi con Michele, Nicola e Apollonia

Apollonia Mirizzi , Domenico Ciccimarra con Filippo

Maria Sardone, Vincenzo Moramarco con Domenico, Nicola ed Ernesta Enrica

Angela Sardone, Vincenzo Ventrelli con Stella e Dario

Chiara Sardone , Giovanni Serino con Nicola e Onofrio

Vito Lorenzo : Rotunno, Sardone, Sardone, Basile, Sardone

Cugini Sardone

Cugini Sardone

Cugini Sardone

AGGIORNAMENTI

CONCLUSIONI

Prima anni di ricerca faticosa, poi mesi di lenta elaborazione tra l'entusiasmo della scoperta, la raccolta di pagine manoscritte , le serate della digitazione al pc, la scansione delle immagini e l'ansia di terminare un percorso narrativo difficile, di sicuro costellato di qualche inevitabile errore od omissione involontaria , ma sempre senza pretesa alcuna, restando nell'amatoriale visto che, peraltro, facciamo tutt'altro mestiere nella vita. Il libro dei Sardone è nato così . Certo in famiglia non l'aveva ancora azzardato nessuno. E' stata una sorta di scommessa con noi stessi. Ed è stata dura, ma se siam qui e qualcuno ha sfogliato queste pagine vuol dire che ce l'abbiam fatta. La soddisfazione di raccontare in dettaglio quattro generazioni di Sardone, schedando 300 e più nomi è stata grande. Li abbiamo messi tutti qui, assieme,chi c'è e chi non c'è più , in questo speciale contenitore; sarebbe stato ancor più goioso farli incontrare per davvero in un ideale Sardone-Day perché molti, specie gli ultimi arrivati , neppure magari sanno di avere qualcosa in comune né conoscono chi invece è parte dello stesso ceppo . Per vincere il tempo che ci separa dagli antenati, ma anche per annullare le distanze da chi e' ancora in vita. Un giorno allora, chissà, questo fascicoletto degli avi, stampato tredici anni dopo il 2000, diverrà passato remoto e memoria per i Sardone che verranno.

INDICE

SARDONE

cognome e genealogia

di Michele Sardone e Vito Lorenzo Sardone

Cosa mai poteva accomunare un odontoiatra e un carrozziere? Magari un tipo chiaro di smalto? O una pasta di lucidatura? Be', per Michele e Lorenzo, battute a parte i denominatori comuni sono stati lo stesso sangue, lo stesso cognome ma soprattutto la stessa voglia di raccontare la storia della loro famiglia. La famiglia SARDONE. Hanno raccolto tanto materiale per anni e tra dati e date hanno ricostruito la genealogia della loro "stirpe" arricchendola di storielle e fotogrammi. E' venuto fuori un libro di due non-scrittori. Dopo faticose ricerche, meticolosi manoscritti, immagini allo scanner, elaborazioni al computer. Modestissimamente, senza pretese, senza scopi particolari, solo per vincere una scommessa fatta con loro stessi. E trovare, dall'inizio alla fine del cammino, una ricompensa nello stesso piacere del guardare indietro, nella stessa passione della memoria. Volevano i Sardone tutti qui, assieme. E li hanno fatti incontrare, chi c'è e chi non c'è più, in queste righe, in questo viaggio, dall'antenato all'ultimo arrivato. Per salutare quelli che verranno: il passato e il presente dei Sardone sono adesso un piccolo attestato del tempo per i Sardone del futuro.